AF219216

Impressum
Verlag: BABADADA GmbH, Nedderfeld 112 , 22529 Hamburg
Geschäftsführer / Verlagsleitung: Harald Hof
Druck: Books on Demand GmbH, In de Tarpen 42, 22848 Norderstedt

Imprint
Publisher: BABADADA GmbH, Nedderfeld 112 , 22529 Hamburg, Germany
Managing Director / Publishing direction: Harald Hof
Print: Books on Demand GmbH, In de Tarpen 42, 22848 Norderstedt

# school

# škola

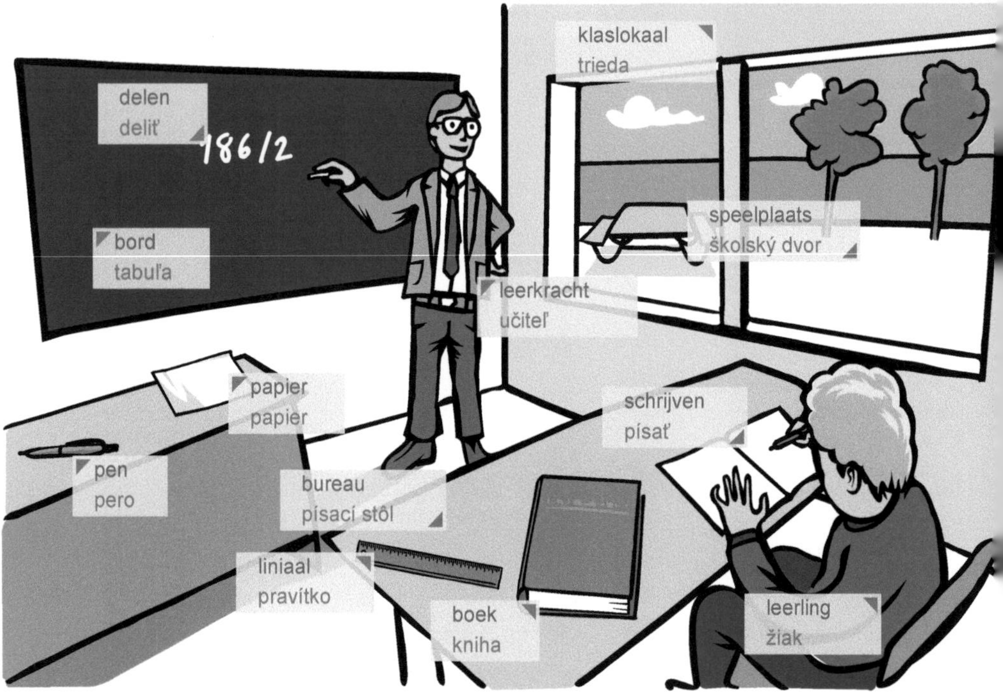

klaslokaal
trieda
delen
deliť
186/2
bord
tabuľa
speelplaats
školský dvor
leerkracht
učiteľ
papier
papier
schrijven
písať
pen
pero
bureau
písací stôl
liniaal
pravítko
boek
kniha
leerling
žiak


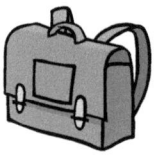

schooltas

školská taška

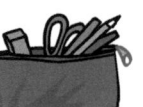

pennenzak

peračník

potlood

ceruza

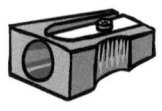

puntenslijper

strúhadlo na ceruzky

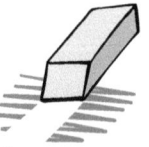

gom

guma

tekenblok

skicár

tekening
kresba

verfborstel
štetec

verfdoos
vodové farby

schaar
nožnice

lijm
lepidlo

werkboek
cvičný zošit

huiswerk
domáca úloha

12

nummer
číslo

2+2

optellen
sčítať

5-2

aftrekken
odčítať

2×2

vermenigvuldigen
násobiť

rekenen
počítať

letter
písmeno

ABCDEFG
HIJKLMN
OPQRSTU
VWXYZ

alfabet
abeceda

woord
slovo

tekst

text

Lezen

čítať

krijt

krieda

les

hodina

klassenboek

triedna kniha

examen

skúška

certificaat

certifikát

schooluniform

školská uniforma

onderwijs

vzdelanie

encyclopedie

encyklopédia

universiteit

univerzita

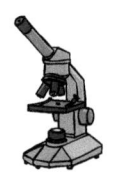

microscoop

mikroskop

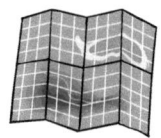

kaart

mapa

papiermand

kôš na papier

hotel
hotel

*Grand*

jeugdherberg
nocľaháreň

wisselkantoor
zmenáreň

EXCHANGE

koffer
kufor

auto
auto

Taal

jazyk

ja / nee

áno/nie

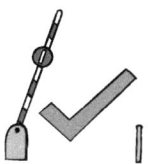

oké

v poriadku

hallo

ahoj

vertaler

prekladateľ

bedankt

ďakujem

Hoeveel kost ...?

Koľko stojí ... ?

Ik begrijp het niet

Nerozumiem

probleem

problém

Goedenavond!

Dobrý večer!

Goedemorgen!

Dobré ráno!

Goedenavond!

Dobrú noc!

Tot ziens

Dovidenia

richting

smer

bagage

batožina

zak

taška

rugzak

batoh

gast

hosť

kamer

izba

slaapzak

spacák

tent

stan

toeristeninformatie

informácie pre turistov

strand

pláž

kredietkaart

kreditná karta

ontbijt

raňajky

lunch

obed

avondeten

večera

ticket

cestovný lístok

lift

výťah

postzegel

poštová známka

grens

hranica

douane

clo

ambassade

veľvyslanectvo

visum

vízum

paspoort

cestovný pas

# transport
# doprava

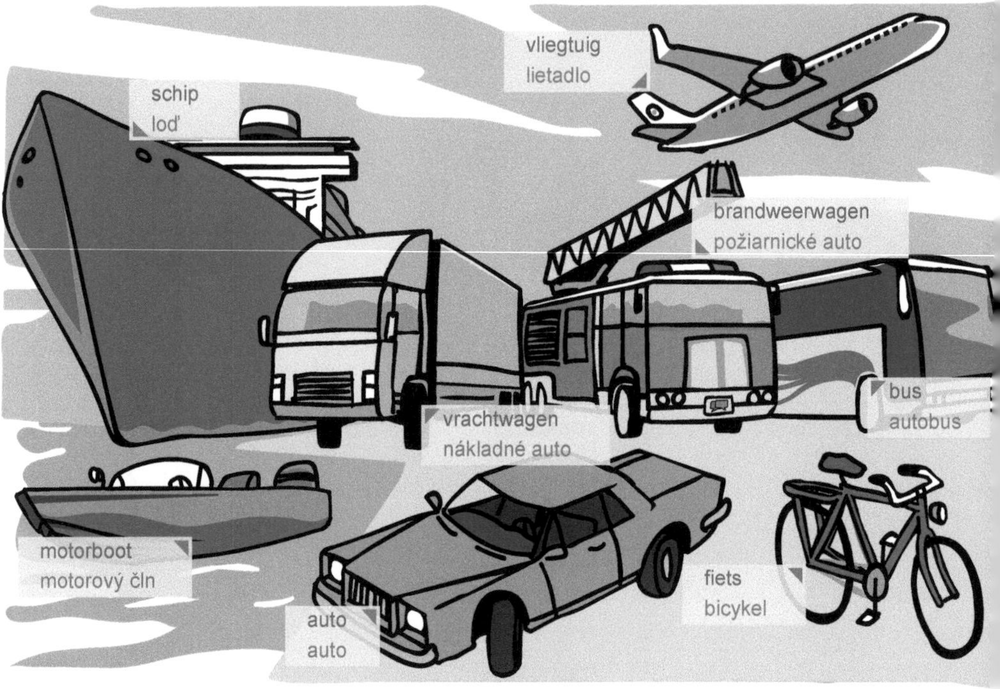

vliegtuig
lietadlo
schip
loď
brandweerwagen
požiarnické auto
bus
autobus
vrachtwagen
nákladné auto
motorboot
motorový čln
fiets
bicykel
auto
auto


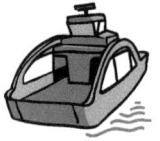

veerboot

trajekt

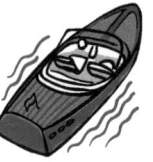

boot

loď

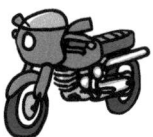

motor

motorka

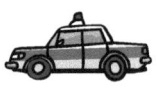

politiewagen

policajné auto

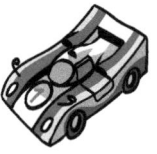

racewagen

pretekárske auto

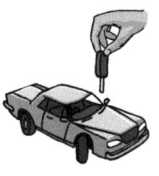

huurauto

vozidlo z požičovne

carpoolen

carsharing

sleepwagen

odťahové auto

vuilniswagen

smetiarske auto

motor

motor

benzine

benzín

benzinestation

čerpacia stanica

verkeersbord

dopravná značka

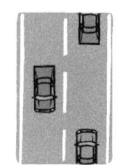

verkeer

premávka

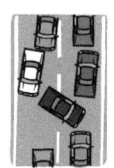

file

zápcha

parkeerplaats

parkovisko

station

vlaková stanica

sporen

trate

trein

vlak

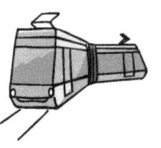

tram

električka

wagon

vagón

helikopter

helikoptéra

luchthaven

letisko

toren

veža

passagier

pasažier

container

kontajner

karton

kartón

kar

vozík

mand

kôš

opstijgen / landen

štartovať / pristáť

## stad
## mesto

dorp

dedina

stadscentrum

centrum mesta

huis

dom

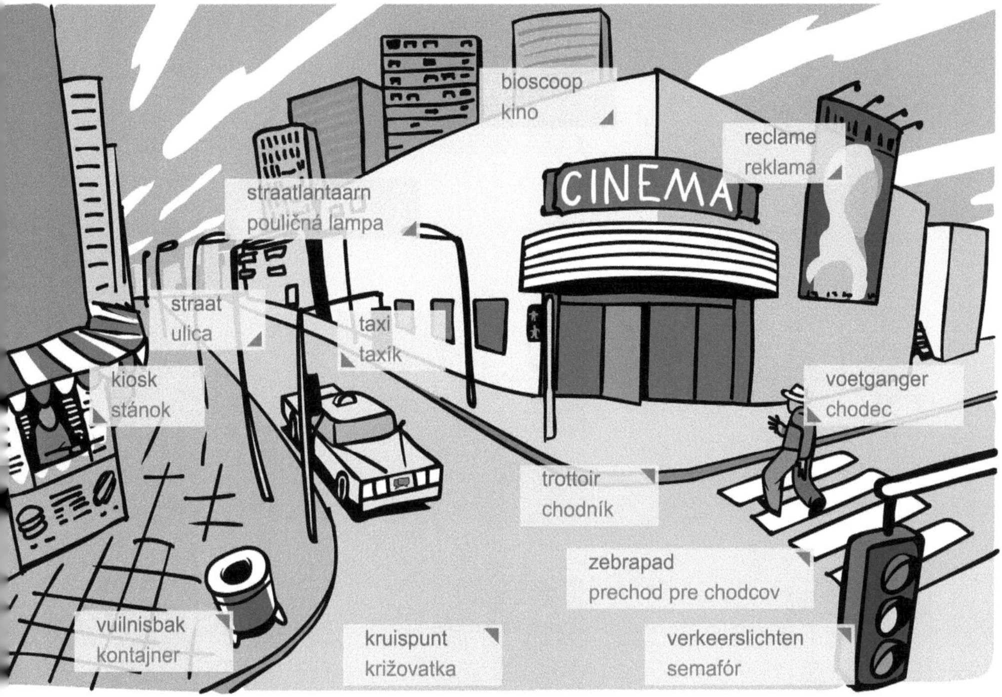

bioscoop
kino

reclame
reklama

straatlantaarn
pouličná lampa

CINEMA

straat
ulica

taxi
taxík

kiosk
stánok

voetganger
chodec

trottoir
chodník

zebrapad
prechod pre chodcov

vuilnisbak
kontajner

kruispunt
križovatka

verkeerslichten
semafór

hut

chata

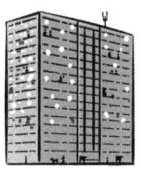

woning

byt

station

vlaková stanica

stadshuis

radnica

museum

múzeum

school

škola

universiteit

univerzita

bank

banka

ziekenhuis

nemocnica

hotel

hotel

apotheek

lekáreň

kantoor

kancelária

boekwinkel

kníhkupectvo

winkel

obchod

bloemenwinkel

kvetinárstvo

supermarkt

supermarket

markt

trh

warenhuis

obchodný dom

vishandelaar

obchodník s rybami

winkelcentrum

nákupné stredisko

haven

prístav

park
park

bank
lavička

brug
most

trap
schody

metro
metro

tunnel
tunel

bushalte
autobusová zastávka

bar
bar

restaurant
reštaurácia

brievenbus
poštová schránka

straatnaambord
tabuľa s názvom ulice

parkeermeter
parkovacie hodiny

zoo
ZOO

zwembad
plaváreň

moskee
mešita

boerderij
farma

milieuverontreiniging
znečisťovanie životného
prostredia

kerkhof
cintorín

kerk
kostol

speelplaats
ihrisko

tempel
chrám

# landschap
## terén

blad
list

wegwijzer
smerová tabuľa

weg
cesta

weide
lúka

steen
kameň

boom
strom

wandelaar
turista

rivier
rieka

gras
tráva

bloem
kvet

vallei

dolina

heuvel

kopec

meer

jazero

bos

les

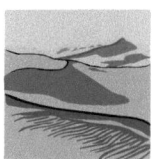

woestijn

púšť

vulkaan

vulkán

kasteel

zámok

regenboog

dúha

paddenstoel

hríb

palmboom

palma

mug

komár

vlieg

mucha

mier

mravec

bijl

včela

spin

pavúk

kever
chrobák

kikker
žaba

eekhoorn
veverička

egel
jež

haas
zajac

uil
sova

vogel
vták

zwaan
labuť

wild zwijn
diviak

hert
jeleň

eland
los

dam
hrádza

windturbine
veterná turbína

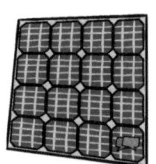

zonnepaneel
solárny panel

klimaat
podnebie

ober
čašník

menu
jedálny lístok

stoel
stolička

soep
polievka

pizza
pizza

bestek
príbor

tafelkleed
obrus

voorgerecht
predjedlo

hoofdgerecht
hlavné jedlo

nagerecht
zákusok

drankjes
nápoje

eten
jedlo

fles
fľaša

fastfood

fast-food

street food

street food

theepot

kanvica na čaj

suikerpot

cukornička

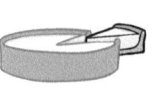

portie

porcia

espressomachine

stroj na espresso

kinderstoel

detská stolička

rekening

účet

dienblad

podnos

mes

nôž

vork

vidlička

lepel

lyžica

theelepel

čajová lyžička

serviette

obrúsok

glas

pohár

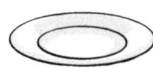

bord
...............
tanier

soepbord
...............
hlboký tanier

schoteltje
...............
podšálka

saus
...............
omáčka

zoutvatje
...............
soľnička

pepermolen
...............
mlynček na korenie

azijn
...............
ocot

olie
...............
olej

kruiden
...............
korenie

ketchup
...............
kečup

mosterd
...............
horčica

mayonaise
...............
majonéza

# supermarkt
## supermarket

aanbieding
špeciálna ponuka
klant
klient
zuivelproducten
mliečne výrobky
fruit
ovocie
winkelwagen
nákupný vozík
FOR

BUTCHERS

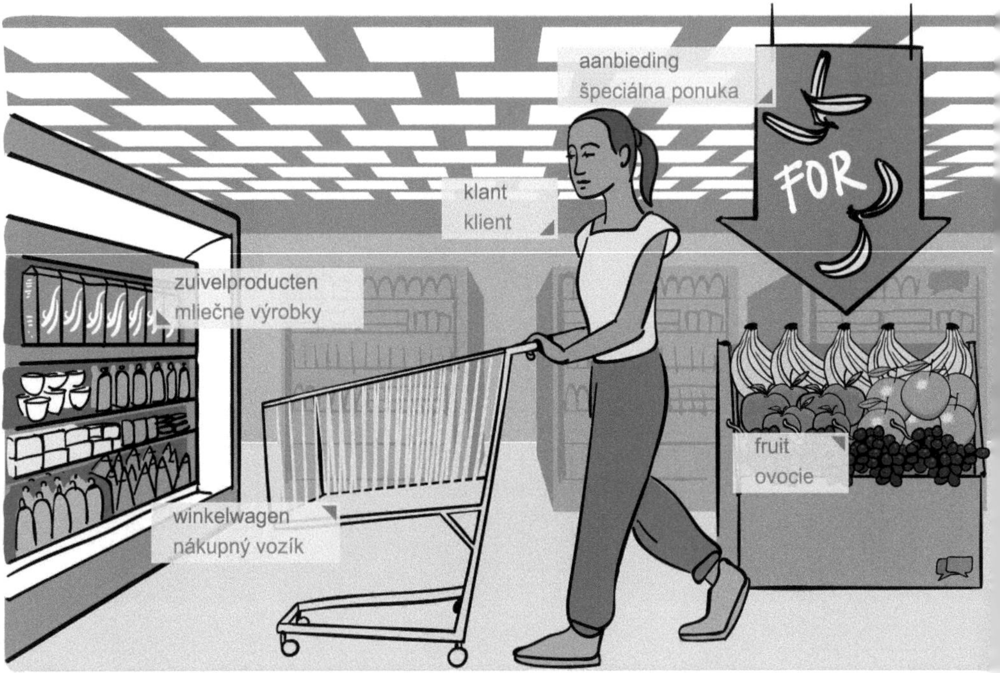

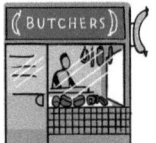

slagerij

mäsiarstvo

BAKERY

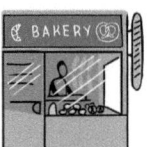

bakkerij

pekáreň

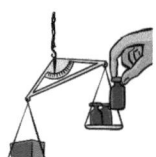

wegen

vážiť

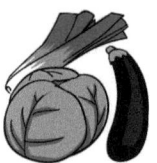

groenten

zelenina

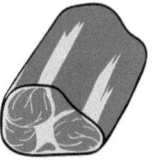

vlees

mäso

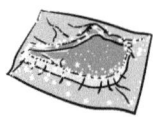

diepvriesvoedsel

mrazené potraviny

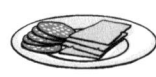

charcuterie

nárez

conserven

konzervy

waspoeder

prací prostriedok

snoep

sladkosti

huishoudproducten

domáce potreby

schoonmaakproducten

čistiace prostriedky

verkoopster

predavačka

kassa

pokladňa

kassier

pokladník

boodschappenlijstje

nákupný zoznam

openingstijden

otváracie hodiny

portefeuille

peňaženka

kredietkaart

kreditná karta

tas

taška

plastieken zakje

plastové vrecko

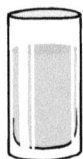

water
voda

sap
džús

melk
mlieko

cola
kola

wijn
víno

bier
pivo

alcohol
alkohol

cacao
kakao

thee
čaj

koffie
káva

espresso
espresso

cappuccino
kapučíno

banaan

banán

appel

jablko

sinaasappel

pomaranč

meloen

melón

citroen

citrón

wortel

mrkva

knoflook

cesnak

bamboe

bambus

ajuin

cibuľa

champignon

hríb

noten

orechy

noodles

rezance

spaghetti

špagety

rijst

ryža

salade

šalát

frieten

hranolky

gebakken aardappelen

pečené zemiaky

pizza

pizza

hamburger

hamburger

sandwich

obložený chlebík

kalfslapje

rezeň

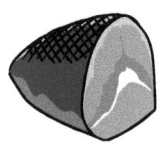

ham

šunka

salami

saláma

worst

klobása

kip

kurča

braden

pečené mäso

vis

ryba

havervlokken

ovsené vločky

muesli

müsli

cornflakes

kukuričné lupienky

bloem

múka

croissant

croissant

pistolet

pečivo

brood

chlieb

toast

hrianka

koekjes

sušienky

boter

maslo

kwark

tvaroh

taart

koláč

ei

vajce

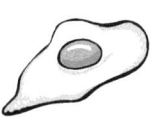

spiegelei

volské oko

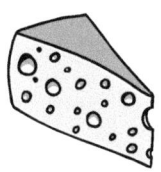

kaas

syr

ijs

zmrzlina

suiker

cukor

honing

med

confituur

lekvár

choco

nugátová nátierka

curry

karí korenie

# boerderij
# farma

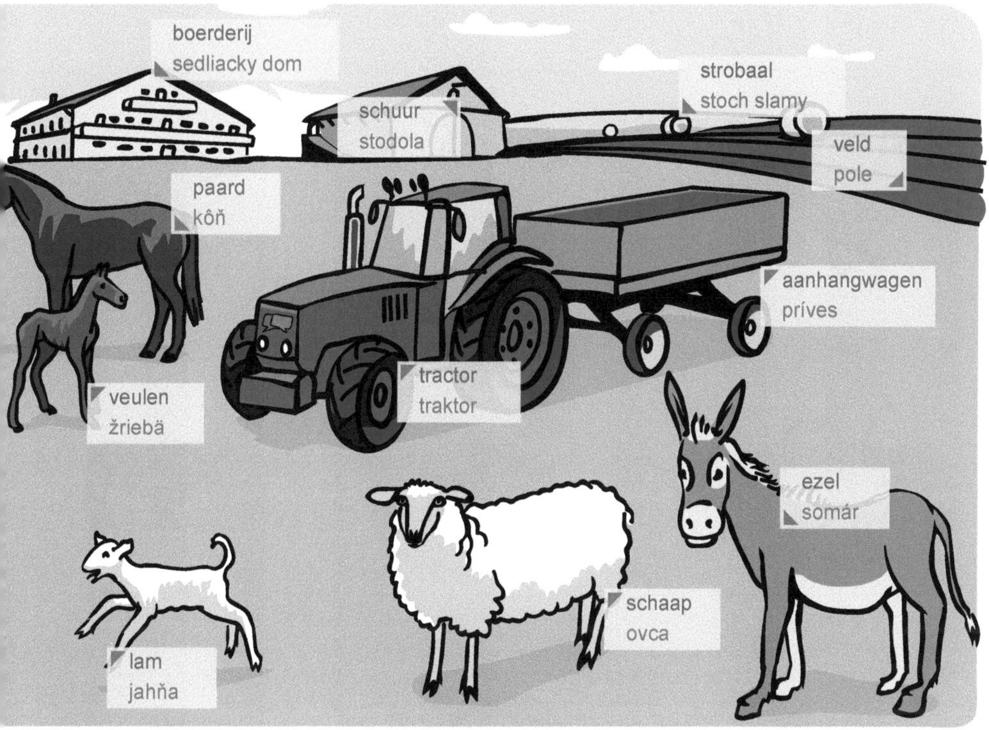
boerderij
sedliacky dom
schuur
stodola
strobaal
stoch slamy
veld
pole
paard
kôň
aanhangwagen
príves
veulen
žriebä
tractor
traktor
ezel
somár
schaap
ovca
lam
jahňa

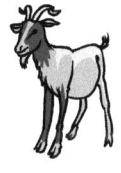

geit
koza

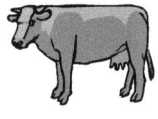

koe
krava

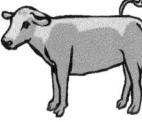

kalf
teľa

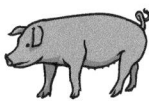

varken
prasa

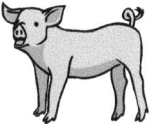

biggetje
prasiatko

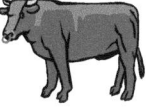

stier
býk

gans
hus

eend
kačica

kuiken
kuriatko

kip
sliepka

haan
kohút

rat
potkan

kat
mačka

muis
myš

os
vôl

hond
pes

hondenhok
psia búda

tuinslang
záhradná hadica

gieter
krhla

zeis
kosa

ploeg
pluh

sikkel

kosák

schoffel

motyka

hooivork

vidly na hnoj

bijl

sekera

kruiwagen

fúrik

trog

koryto

melkkan

kanva na mlieko

zak

vrece

hek

plot

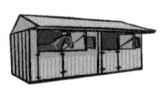

stal

maštaľ

broeikas

skleník

bodem

pôda

zaad

osivo

mest

hnojivo

maaidorser

kombajn

oogsten

žať

oogst

žatva

yam

batát

tarwe

pšenica

soja

sója

aardappel

zemiak

maïs

kukurica

koolzaad

repka

fruitboom

ovocný strom

maniok

maniok

graan

obilie

# huis
# dom

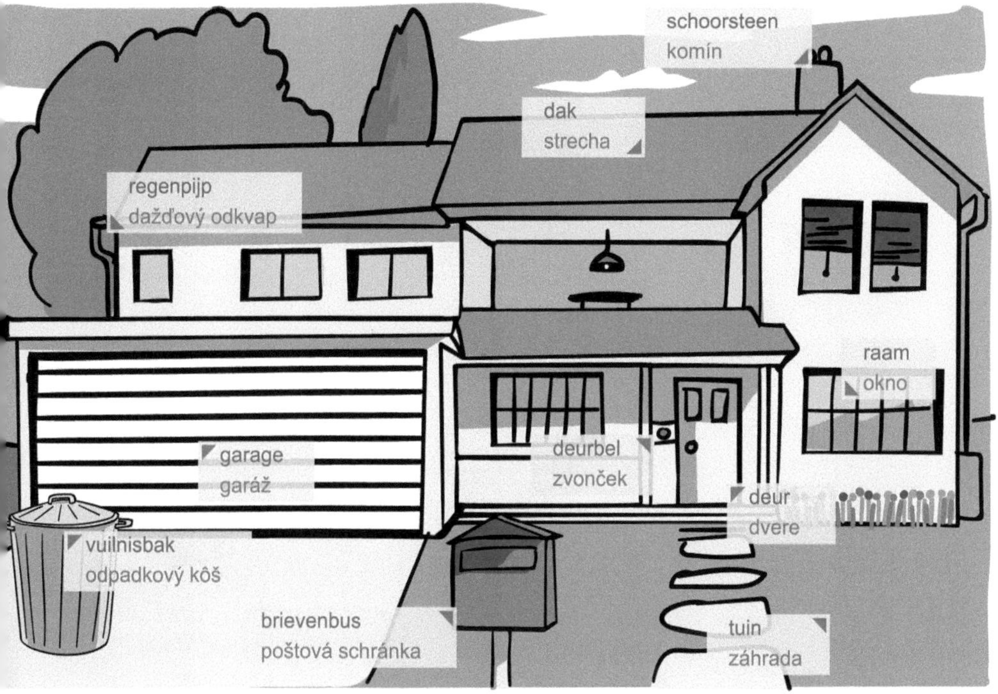

schoorsteen
komín
dak
strecha
regenpijp
dažďový odkvap
raam
okno
garage
garáž
deurbel
zvonček
deur
dvere
vuilnisbak
odpadkový kôš
brievenbus
poštová schránka
tuin
záhrada


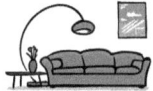

woonkamer

obývačka

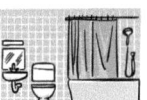

badkamer

kúpeľňa

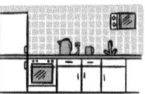

keuken

kuchyňa

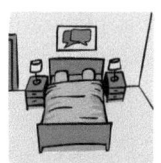

slaapkamer

spálňa

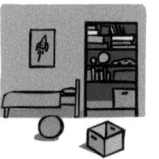

kinderkamer

detská izba

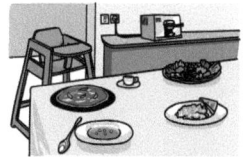

eetkamer

jedáleň

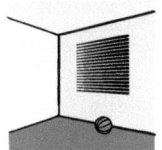

vloer
podlaha

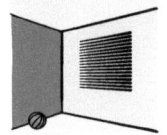

muur
stena

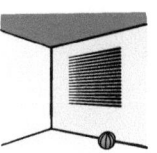

plafond
strop

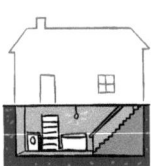

kelder
pivnica

sauna
sauna

balkon
balkón

terras
terasa

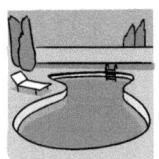

zwembad
bazén

grasmaaier
kosačka

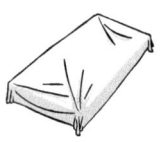

dekbedovertrek
obliečka

dekbed
posteľná prikrývka

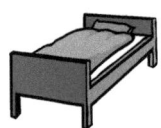

bed
posteľ

bezem
metla

emmer
vedro

schakelaar
vypínač

# woonkamer
# obývačka

behangpapier
tapeta
foto
obraz
lamp
lampa
schap
regál
kast
skriňa
televisie
televízor
open haard
kozub
bloem
kvet
kussen
vankúš
sofa
pohovka
vaas
váza
afstandsbediening
diaľkové ovládanie

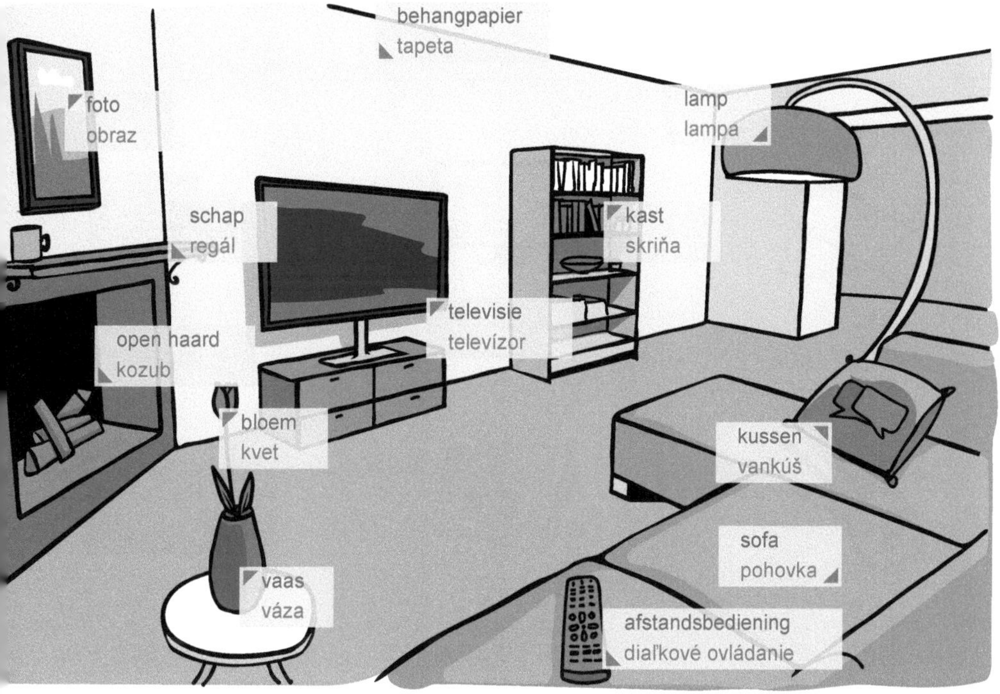

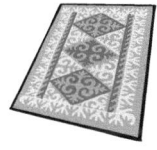

mat

koberec

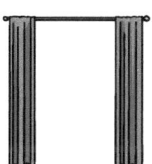

gordijn

záclona

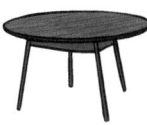

tafel

stôl

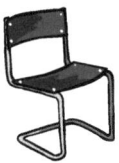

stoel

stolička

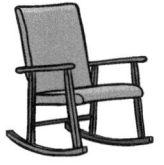

schommelstoel

hojdacie kreslo

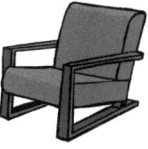

fauteuil

kreslo

boek

kniha

deken

prikrývka

decoratie

dekorácia

brandhout

drevo na kúrenie

film

film

stereo-installatie

hi-fi veža

sleutel

kľúč

krant

noviny

schilderij

maľba

poster

plagát

radio

rádio

notitieboekje

zápisník

stofzuiger

vysávač

cactus

kaktus

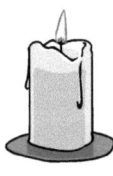

kaars

sviečka

# keuken
# kuchyňa

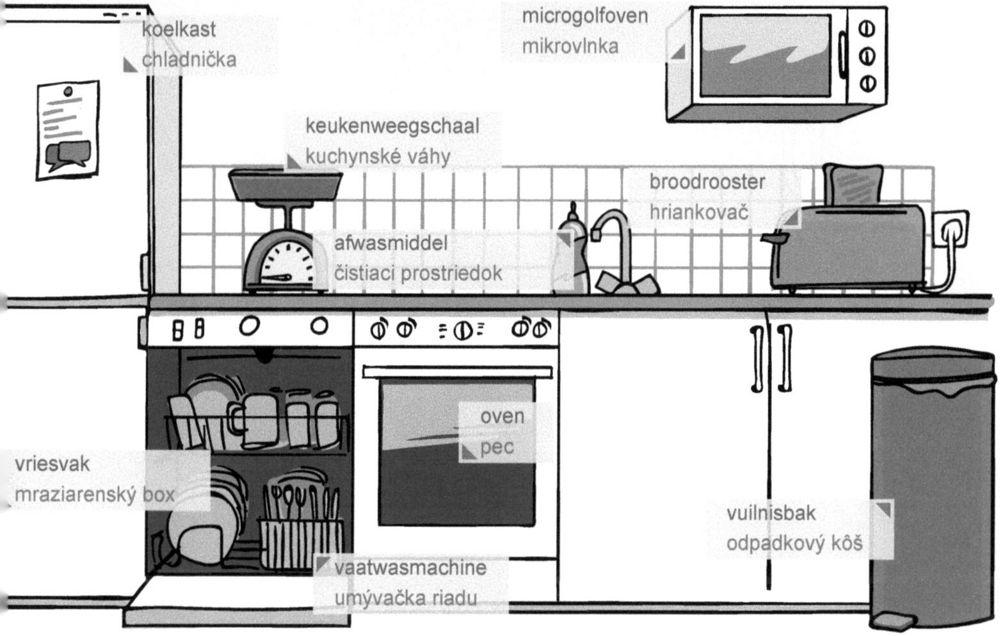

koelkast
chladnička
microgolfoven
mikrovlnka
keukenweegschaal
kuchynské váhy
broodrooster
hriankovač
afwasmiddel
čistiaci prostriedok
oven
pec
vriesvak
mraziarenský box
vuilnisbak
odpadkový kôš
vaatwasmachine
umývačka riadu


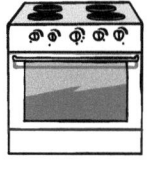

fornuis
sporák

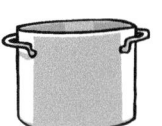

pot
hrniec

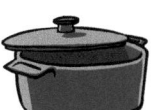

gietijzeren pot
železný hrniec

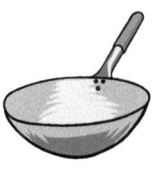

wok / kadai
wok / kadai

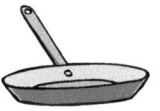

pan
panvica

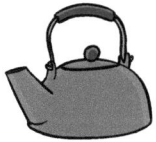

waterkoker
rýchlovarná kanvica

stoomkoker

parný hrniec

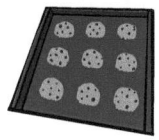

bakplaat

plech na pečenie

servies

riad

mok

pohár

kom

misa

eetstokjes

paličky

pollepel

naberačka na polievku

spatel

stierka

garde

metlička

vergiet

cedidlo

zeef

sitko

rasp

strúhadlo

mortier

mažiar

barbecue

gril

haardvuur

ohnisko

snijplank

doska na krájanie

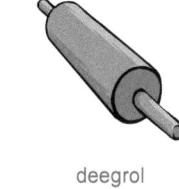

deegrol

valček na cesto

kurkentrekker

vývrtka

blik

konzerva

blikopener

otvárač na konzervy

pannenlap

chňapka

gootsteen

výlevka

borstel

kefa

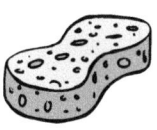

spons

hubka

blender

mixér

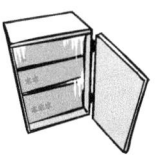

vriezer

mraznička

papfles

kojenecká fľaša

kraan

vodovodný kohútik

# badkamer
# kúpeľňa

douche
sprcha
verwarming
kúrenie
handdoek
uterák
douchegordijn
sprchový záves
bubbelbad
pena do kúpeľa
badkuip
vaňa
glas
pohár
wasmachine
práčka
kraan
vodovodný kohútik
tegels
dlaždice
kinderpo
nočník
gootsteen
výlevka

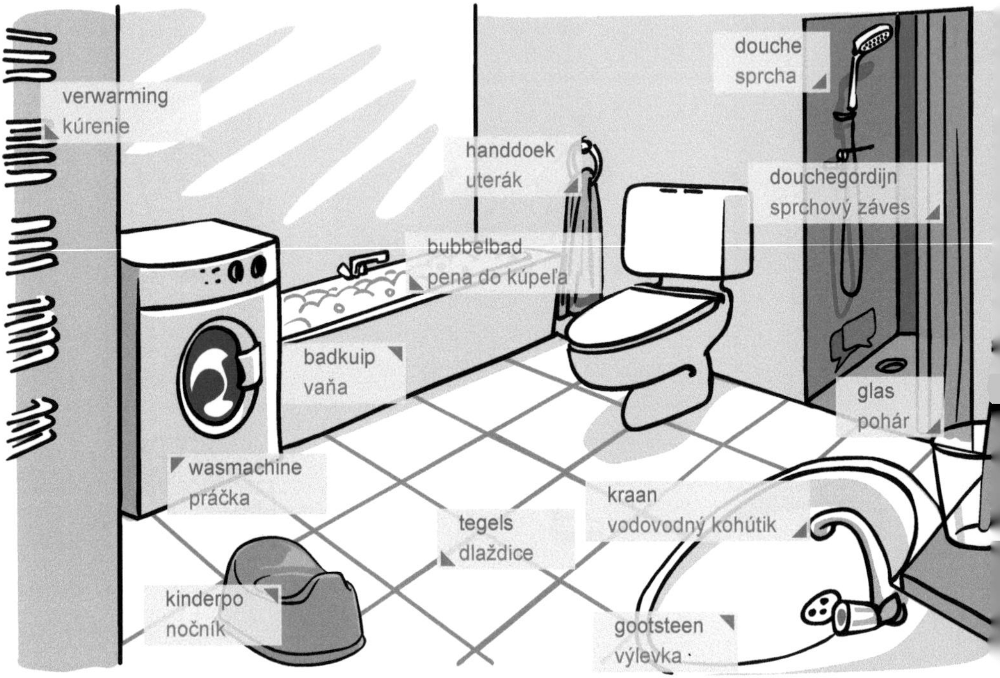

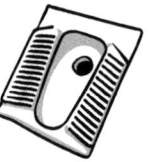

toilet

záchod

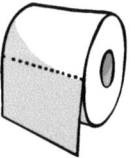

hurktoilet

suchý záchod

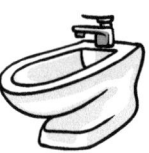

bidet

bidet

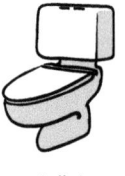

urinoir

pisoár

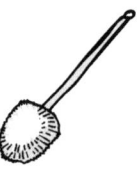

toiletpapier

toaletný papier

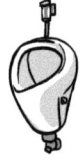

toiletborstel

záchodová kefa

tandenborstel

zubná kefka

tandpasta

zubná pasta

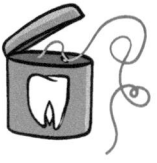

flosdraad

dentálna niť

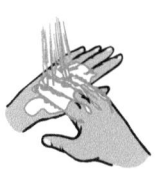

wassen

umývať

handdouche

ručná sprcha

bidethanddouche

sprcha pre intímnu hygienu

waskom

umývadlo

rugborstel

kefa na chrbát

zeep

mydlo

douchegel

sprchový gél

shampoo

šampón

washandje

frotírová rukavica

afvoer

odtok

crème

krém

deodorant

dezodorant

spiegel

zrkadlo

handspiegel

kozmetické zrkadlo

scheermes

žiletka

scheerschuim

pena na holenie

aftershave

voda po holení

kam

hrebeň

borstel

kefa

haardroger

sušič vlasov

haarlak

sprej na vlasy

make-up

make-up

lippenstift

rúž

nagellak

lak na nechty

watten

vata

nagelknipper

nožnice na nechty

parfum

parfum

toilettas

kozmetická taška

kruk

stolček

weegschaal

váha

badjas

kúpací plášť

latex handschoenen

gumové rukavice

tampon

tampón

maandverband

menštruačná vložka

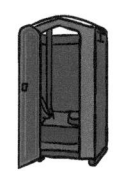

chemisch toilet

chemické WC

# kinderkamer
# detská izba

wekker
budík
knuffel
plyšová hračka
speelgoedauto
hračkárske auto
rammelaar
hrkálka
poppenhuis
domček pre bábiky
geschenk
dar

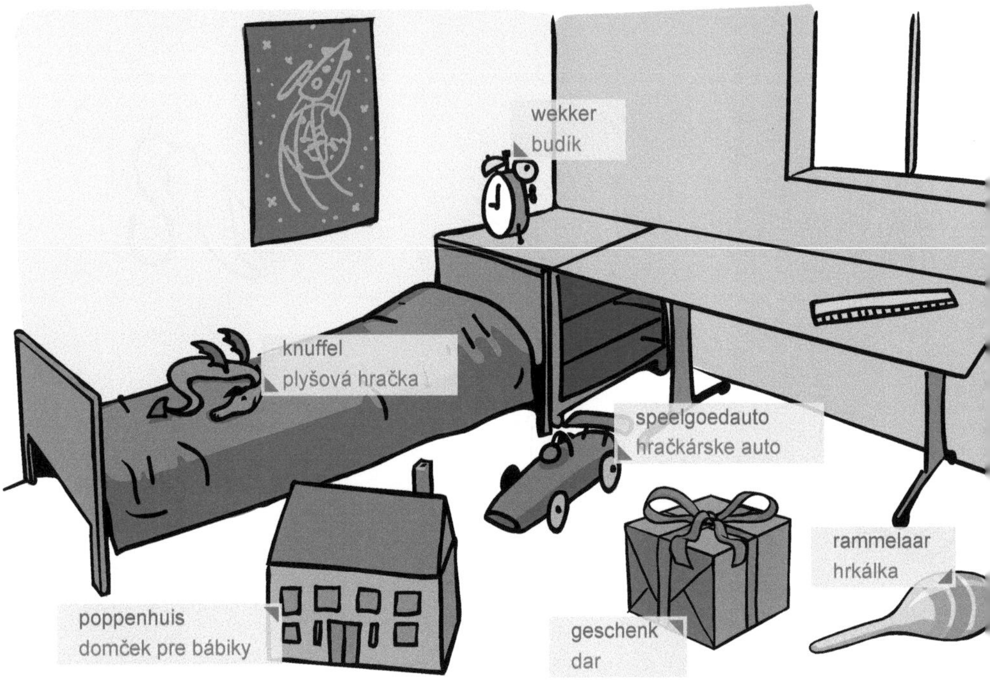

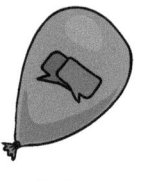

ballon

balón

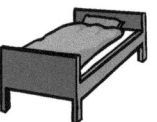

bed

posteľ

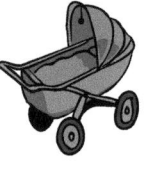

kinderwagen

detský kočík

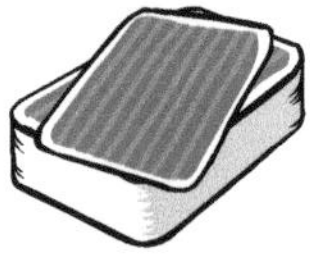

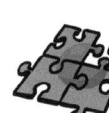

spel kaarten

karty

puzzel

puzzle

SUPER
MEGA

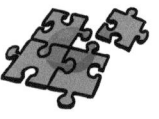

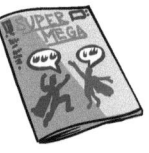

stripboek

komix

legoblokjes

skladačka lego

blokken

stavebnica

actiefiguur

akčná postavička

kruippakje

dupačky

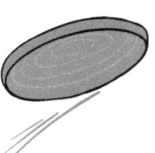

frisbee

lietajúci tanier

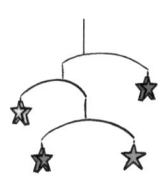

mobiel

závesné hračky

bordspel

stolová hra

dobbelsteen

kocka

modelspoorweg

modelový vláčik

fopspeen

cumlík

feest

párty

prentenboek

obrázková kniha

bal

lopta

pop

bábika

spelen

hrať sa

zandbak

pieskovisko

schommel

hojdačka

speelgoed

hračky

spelconsole

hracia konzola

driewieler

trojkolka

knuffelbeer

medvedík

kleerkast

šatník

# kleding
## šatstvo

sokken

ponožky

kousen

pančuchy

maillot

pančuchové nohavičky

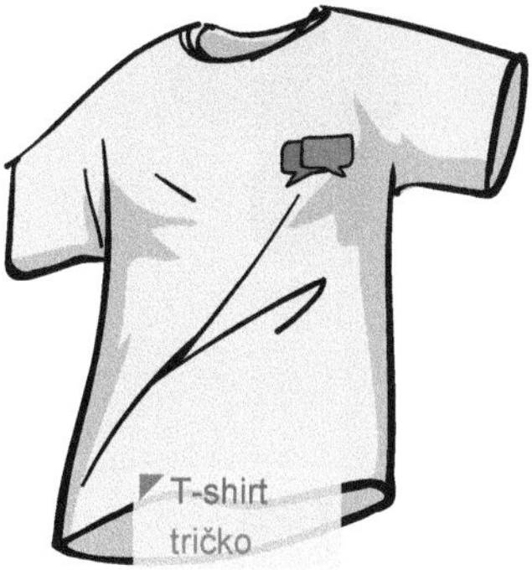

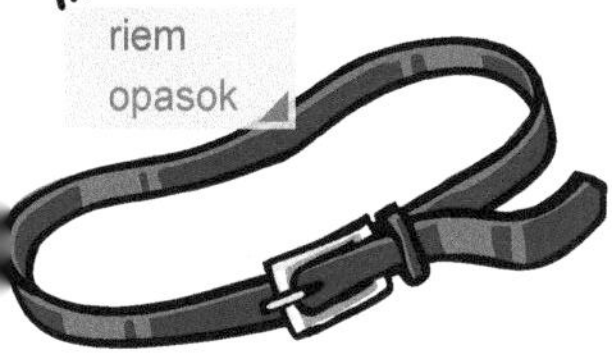

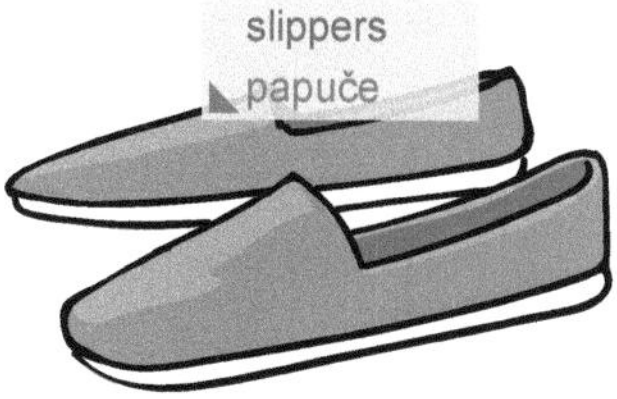

sjaal
šál

paraplu
dáždník

T-shirt
tričko

riem
opasok

laarzen
čižmy

slippers
papuče

sneakers
tenisky

sandalen
................
sandále

schoenen
................
topánky

rubberlaarzen
................
gumáky

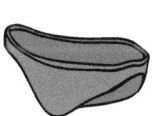

onderbroek
................
spodky

beha
................
podprsenka

onderhemd
................
tielko

lichaam
body

broek
nohavice

jeans
džínsy

rok
sukňa

blouse
blúzka

hemd
košeľa

trui
pulóver

capuchontrui
sveter

blazer
blejzer

jas
bunda

jas
kabát

regenjas
pršiplášť

kostuum
kostým

jurk
šaty

trouwjurk
svadobné šaty

pak
oblek

nachthemd
nočná košeľa

pyjama
pyžamo

sari
sari

hoofddoek
šatka na hlavu

tulband
turban

boerka
burka

kaftan
kaftan

abaya
abaja

badpak
dvojdielne plavky

zwembroek
plavky

short
šortky

trainingspak
tepláková súprava

schort
zástera

handschoenen
rukavice

knoop

gombík

bril

okuliare

armband

náramok

ketting

retiazka

ring

prsteň

oorbel

náušnica

pet

čiapka

kapstok

vešiak

hoed

klobúk

das

kravata

rits

zips

helm

prilba

bretellen

traky

schooluniform

školská uniforma

uniform

uniforma

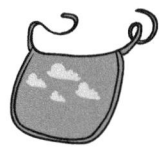

slabbetje

podbradník

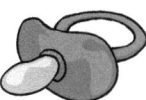

fopspeen

cumlík

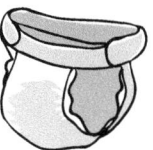

luier

plienka

# kantoor

# kancelária

server
server
dossierkast
skriňa na spisy
papier
papier
printer
tlačiareň
monitor
monitor
muis
myš
bureau
písací stôl
map
zakladač
toestenbord
klávesnica
stoel
stolička
papiermand
kôš na papier
computer
počítač


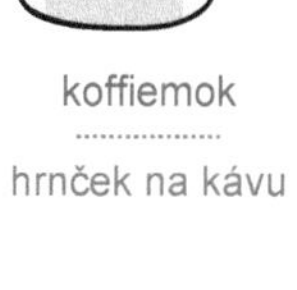

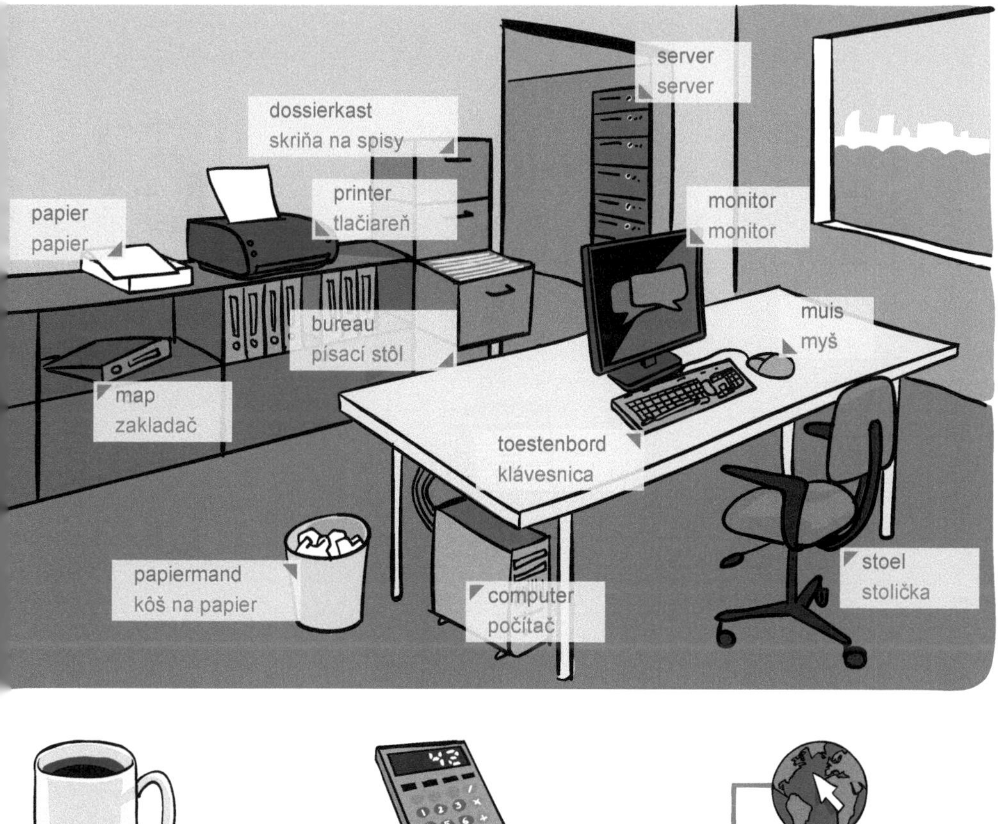

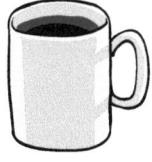

koffiemok

hrnček na kávu

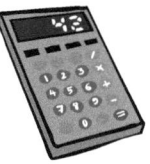

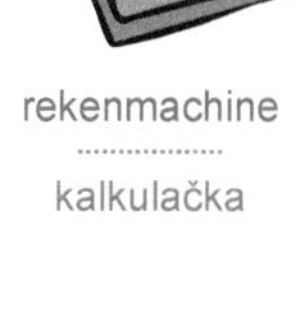

rekenmachine

kalkulačka

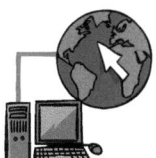

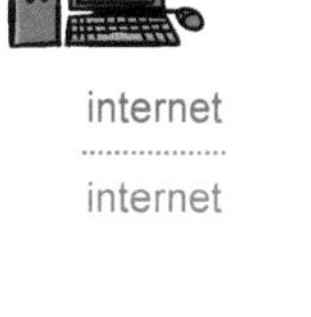

internet

internet

laptop
laptop

brief
list

bericht
správa

gsm
mobil

netwerk
sieť

kopieerapparaat
kopírka

software
softvér

telefoon
telefón

stopcontact
elektrická zásuvka

fax
fax

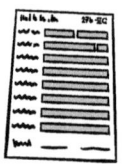

formulier
formulár

document
doklad

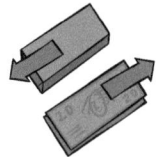

kopen

kúpiť

betalen

platiť

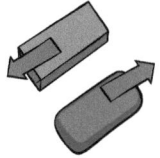

handelen

obchodovať

geld

peniaze

dollar

dolár

euro

euro

yen

jen

roebel

rubeľ

Zwitserse frank

švajčiarsky frank

Chinese renminbi

čínsky jüan

roepie

rupia

geldautomaat

bankomat

wisselkantoor

zmenáreň

goud

zlato

zilver

striebro

olie

ropa

energie

energia

prijs

cena

contract

zmluva

belasting

daň

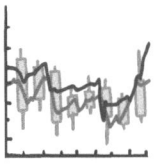

aandeel

akcia

werken

pracovať

werknemer

zamestnanec

werkgever

zamestnávateľ

fabriek

továreň

winkel

obchod

politieagent
policajt

brandweerman
hasič

kok
kuchár

dokter
lekár

piloot
pilót

tuinman
záhradník

timmerman
stolár

naaister
krajčírka

rechter
sudca

chemicus
chemik

acteur
herec

buschauffeur

vodič autobusu

taxichauffeur

taxikár

visser

rybár

schoonmaakster

upratovačka

dakdekker

pokrývač

ober

čašník

jager

poľovník

schilder

maliar

bakker

pekár

elektricien

elektrikár

bouwvakker

stavebný robotník

ingenieur

inžinier

slager

mäsiar

loodgieter

klampiar

postbode

poštár

soldaat
vojak

architect
architekt

kassier
pokladník

bloemist
kvetinár

kapper
kaderník

conducteur
sprievodca

mecanicien
mechanik

kapitein
kapitán

tandarts
zubár

wetenschapper
vedec

rabbijn
rabín

imam
imám

monnik
mních

geestelijke
farár

# werktuigen
# náradie

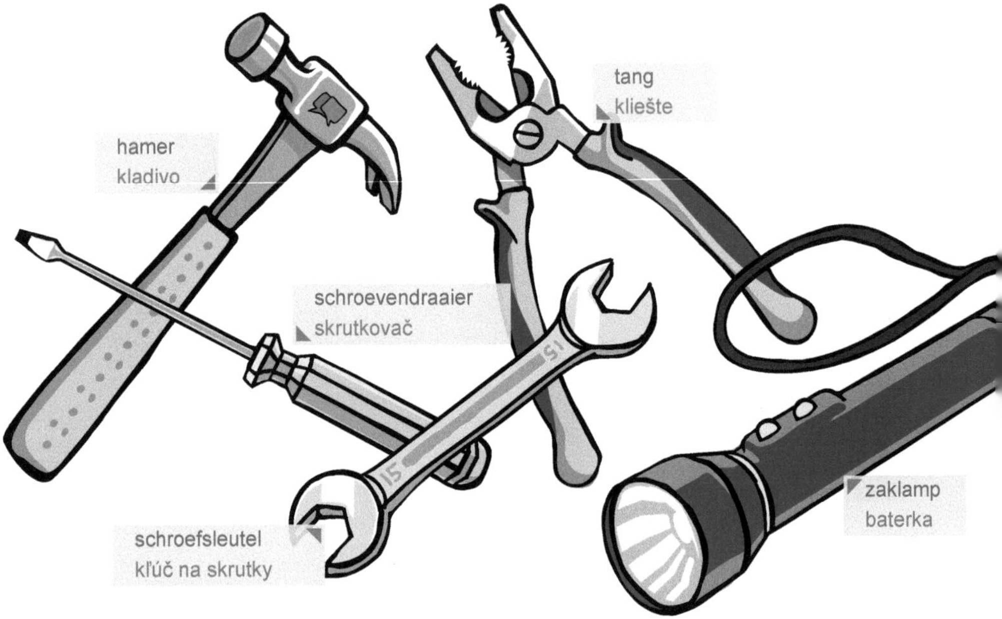
hamer
kladivo
tang
kliešte
schroevendraaier
skrutkovač
zaklamp
baterka
schroefsleutel
kľúč na skrutky

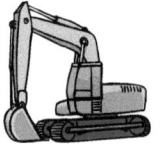

graafmachine

bager

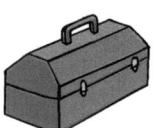

gereedschapskoffer

súprava náradia

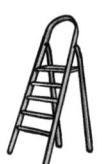

ladder

rebrík

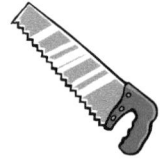

zaag

pílka

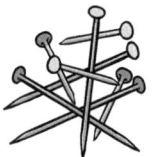

spijkers

klince

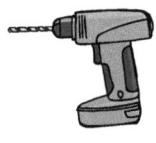

boormachine

vrták

repareren

opraviť

schop

lopata

Verdomme!

Do čerta!

blik

lopatka na smeti

verfpot

nádoba s farbou

schroeven

skrutky

## muziekinstrumenten
## hudobné nástroje

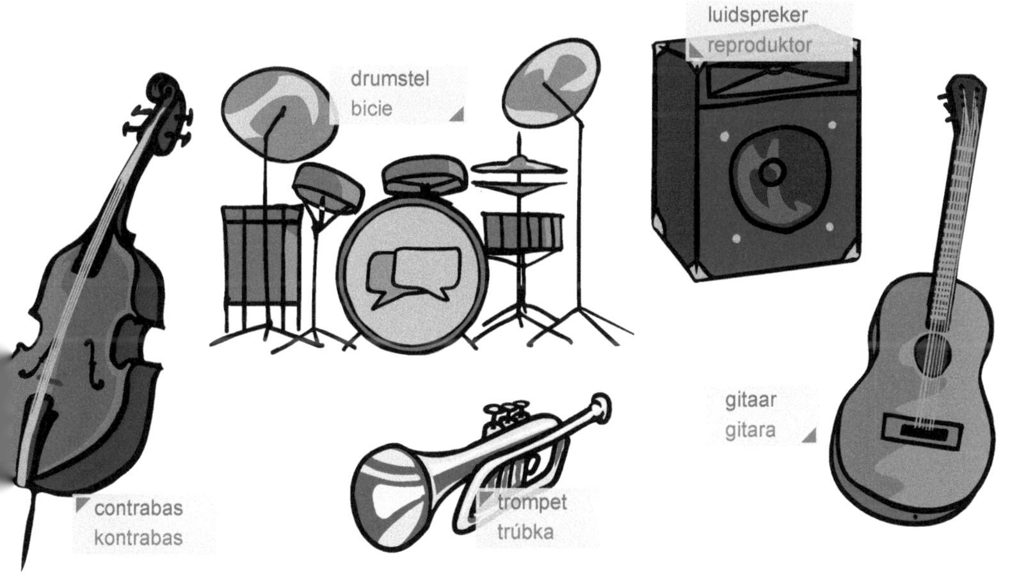

luidspreker
reproduktor

drumstel
bicie

gitaar
gitara

contrabas
kontrabas

trompet
trúbka

piano

klavír

viool

husle

basgitaar

basa

pauk

tympany

trommels

bubon

keyboard

klávesnica

saxofoon

saxofón

fluit

flauta

microfoon

mikrofón

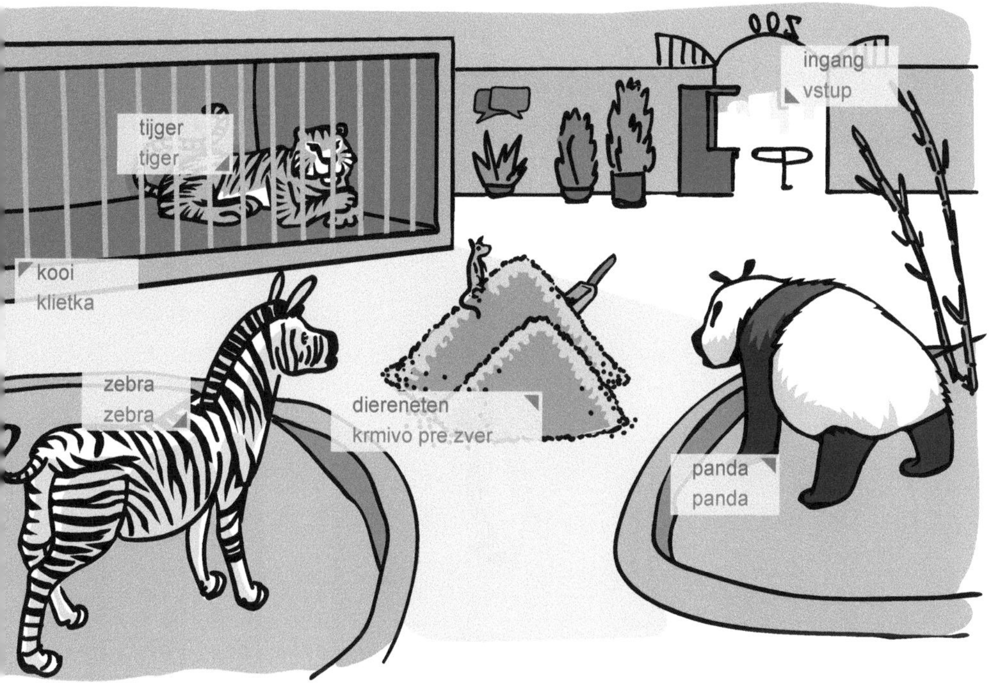

tijger
tiger

ingang
vstup

kooi
klietka

zebra
zebra

diereneten
krmivo pre zver

panda
panda

dieren
zvieratá

olifant
slon

kangoeroe
klokan

neushoorn
nosorožec

gorilla
gorila

beer
medveď

kameel

ťava

struisvogel

pštros

leeuw

lev

aap

opica

flamingo

plameniak

papegaai

papagáj

ijsbeer

ľadový medveď

pinguïn

tučniak

haai

žralok

pauw

páv

slang

had

krokodil

krokodíl

dierenverzorger

ošetrovateľ v ZOO

zeehond

tuleň

jaguar

jaguár

pony
poník

luipaard
leopard

nijlpaard
hroch

giraffe
žirafa

adelaar
orol

wild zwijn
diviak

vis
ryba

zeeschildpad
korytnačka

walrus
mrož

vos
líška

gazelle
gazela

rugby
americký futbal

wielrennen
cyklistika

tennis
tenis

basketbal
basketbal

zwemmen
plávanie

ijshockey
hokej

boksen
box

voetbal
futbal

badminton
bedminton

atletiek
ľahká atletika

handbal
hádzaná

skiën
lyžovanie

polo
pólo

lachen
smiať sa

springen
skočiť

knuffelen
objať

wandelen
chodiť

zingen
spievať

dromen
snívať

bidden
modliť sa

kussen
pobozkať

schrijven

písať

tekenen

kresliť

tonen

ukázať

duwen

tlačiť

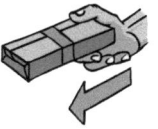

geven

dať

nemen

brať

hebben

mať

doen

robiť

zijn

byť

staan

stáť

lopen

bežať

trekken

ťahať

gooien

hádzať

vallen

padnúť

liggen

ležať

wachten

čakať

dragen

nosiť

zitten

sedieť

aankleden

obliecť sa

slapen

spať

ontwaken

zobudiť sa

kijken naar
pozerať

wenen
plakať

aaien
hladkať

kammen
česať

praten
hovoriť

begrijpen
rozumieť

vragen
pýtať sa

luisteren
počuť

drinken
piť

eten
jesť

opruimen
upratať

houden van
milovať

koken
variť

rijden
jazdiť

vliegen
letieť

zeilen

plachtiť

rekenen

počítať

Lezen

čítať

leren

učiť sa

werken

pracovať

trouwen

oženiť

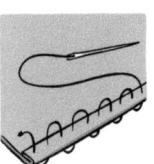

naaien

šiť

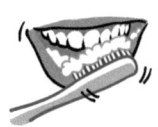

tandenpoetsen

čistiť zuby

doden

zabiť

roken

fajčiť

sturen

poslať

grootmoeder
stará mama

grootvader
starý otec

vader
otec

moeder
mama

baby
bábo

dochter
dcéra

zoon
syn

gast

hosť

tante

teta

oom

strýko

broer

brat

zus

sestra

# lichaam

# telo

voorhoofd
čelo
oog
oko
schouder
plece
vinger
prst
gezicht
tvár
kin
brada
hand
ruka
been
noha
borst
hruď
arm
rameno


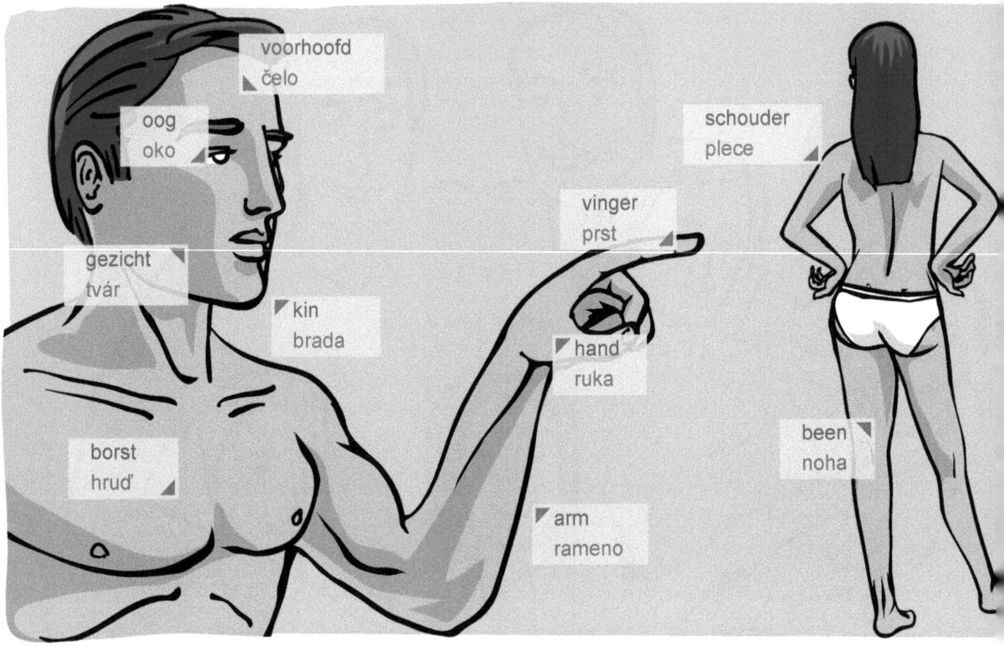

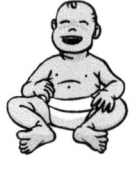

baby

bábo

man

muž

vrouw

žena

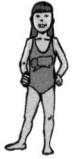

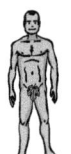

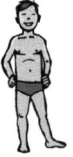

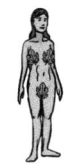

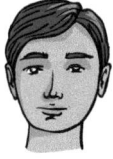

meisje

dievča

jongen

chlapec

hoofd

hlava

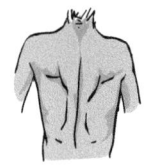

rug
.................
chrbát

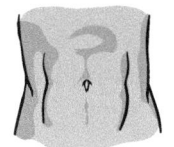

buik
.................
brucho

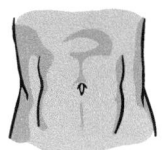

navel
.................
pupok

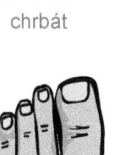

teen
.................
prst na nohe

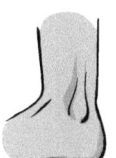

hiel
.................
päta

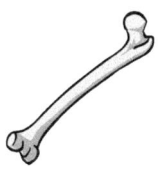

bot
.................
kosť

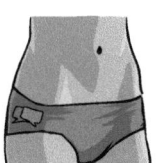

heup
.................
bok

knie
.................
koleno

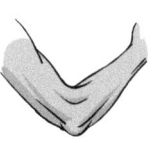

elleboog
.................
lakeť

neus
.................
nos

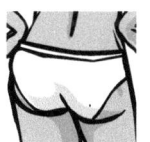

zitvlak
.................
zadok

huid
.................
koža

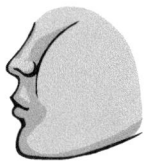

wang
.................
líce

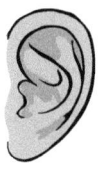

oor
.................
ucho

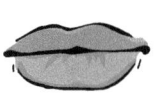

lip
.................
pery

mond
........................
ústa

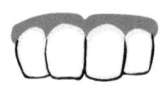

tand
........................
zub

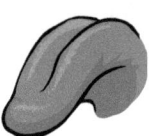

tong
........................
jazyk

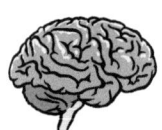

hersenen
........................
mozog

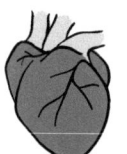

hart
........................
srdce

spier
........................
svaly

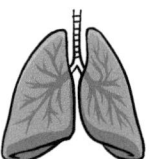

long
........................
pľúca

lever
........................
pečeň

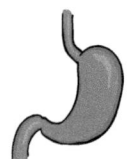

maag
........................
žalúdok

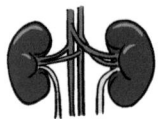

nieren
........................
obličky

seks
........................
pohlavný styk

condoom
........................
kondóm

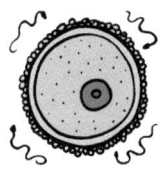

eicel
........................
vaječná bunka

sperma
........................
semeno

zwangerschap
........................
tehotenstvo

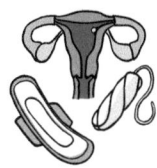

menstruatie

menštruácia

vagina

vagína

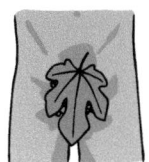

penis

penis

wenkbrauw

obočie

haar

vlasy

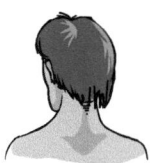

nek

krk

# ziekenhuis
# nemocnica

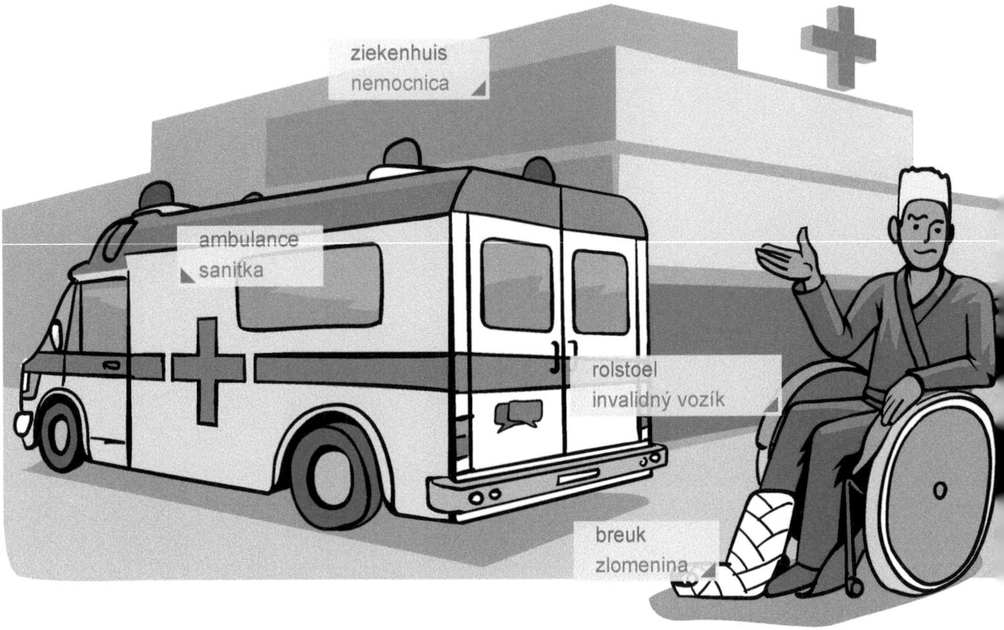

ziekenhuis
nemocnica
ambulance
sanitka
rolstoel
invalidný vozík
breuk
zlomenina

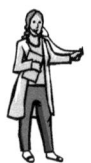

dokter

lekár

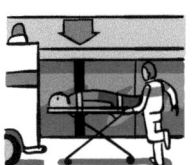

spoed

urgentný príjem

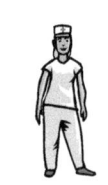

verpleegkundige

sestrička

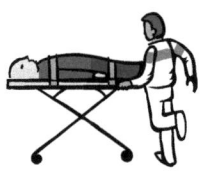

noodgeval

urgentný prípad

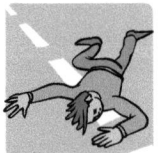

bewusteloos

v bezvedomí

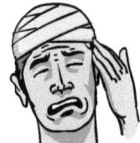

pijn

bolesť

verwonding

zranenie

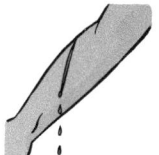

bloeding

krvácanie

hartaanval

srdcový infarkt

beroerte

mozgová porážka

allergie

alergia

hoest

kašeľ

koorts

teplota

griep

chrípka

diarree

hnačka

hoofdpijn

bolesť hlavy

kanker

rakovina

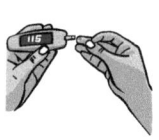

diabetes

cukrovka

chirurg

chirurg

scalpel

skalpel

operatie

operácia

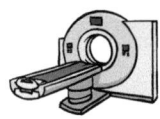

CT

CT

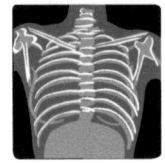

röntgenstraal

RTG

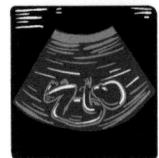

ultrageluid

ultrazvuk

gezichtsmasker

maska

ziekte

choroba

wachtkamer

čakáreň

kruk

barla

pleister

náplasť

verband

obväz

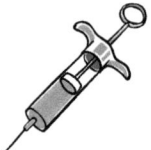

injectie

injekcia

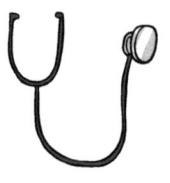

stethoscoop

fonendoskop

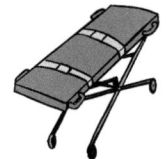

brancard

nosidlá

thermometer

teplomer

geboorte

pôrod

overgewicht

nadváha

hoorapparaat

audiofón

ontsmettingsmiddel

dezinfekčný prostriedok

infectie

infekcia

virus

vírus

HIV / AIDS

HIV / AIDS

medicijn

medicína

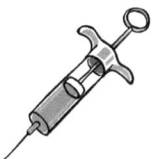

vaccinatie

očkovanie

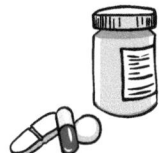

tabletten

tabletky

pil

antikoncepčná pilulka

noodoproep

tiesňové volanie

bloeddrukmeter

tlakomer

ziek / gezond

chorý / zdravý

Help!
Pomoc!

alarm
alarm

overval
prepad

aanval
útok

gevaar
nebezpečenstvo

nooduitgang
núdzový východ

Brand!
Horí!

brandblusser
hasičský prístroj

ongeval
nehoda

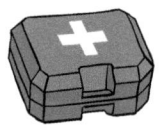

EHBO-kit
kufrík prvej pomoci

SOS
SOS

politie
polícia

Europa

Európa

Noord-Amerika

Severná Amerika

Zuid-Amerika

Južná Amerika

Afrika

Afrika

Azië

Ázia

Australië

Austrália

Atlantische Oceaan

Atlantický oceán

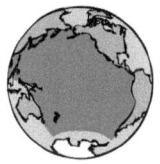

Stille Oceaan

Tichý oceán

Indische Oceaan

Indický oceán

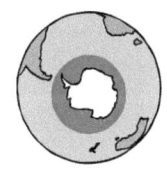

Antarctische Oceaan

Južný oceán

Arctische Oceaan

Severný ľadový oceán

Noordpool

Severný pól

Zuidpool

Južný pól

Antarctica

Antarktída

aarde

Zem

land

krajina

zee

more

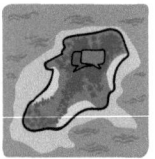

eiland

ostrov

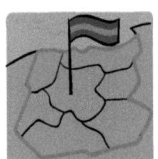

natie

národ

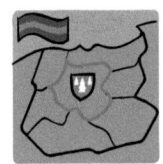

staat

štát

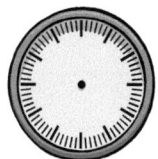

wijzerplaat

ciferník

uurwijzer

hodinová ručička

minuutwijzer

minútová ručička

secondewijzer

sekundová ručička

Hoe laat is het?

Koľko je hodín?

dag

deň

tijd

čas

nu

teraz

digitale horloge

digitálne hodiny

minuut

minúta

uur

hodina

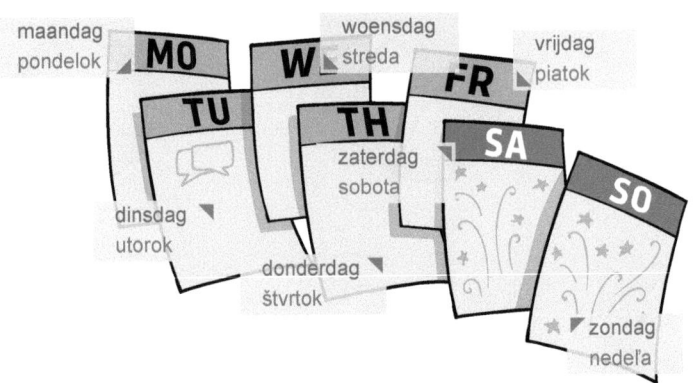

maandag
pondelok

woensdag
streda

vrijdag
piatok

dinsdag
utorok

zaterdag
sobota

donderdag
štvrtok

zondag
nedeľa

gisteren

včera

vandaag

dnes

morgen

zajtra

ochtend

ráno

middag

poludnie

avond

večer

werkdagen

pracovné dni

weekend

víkend

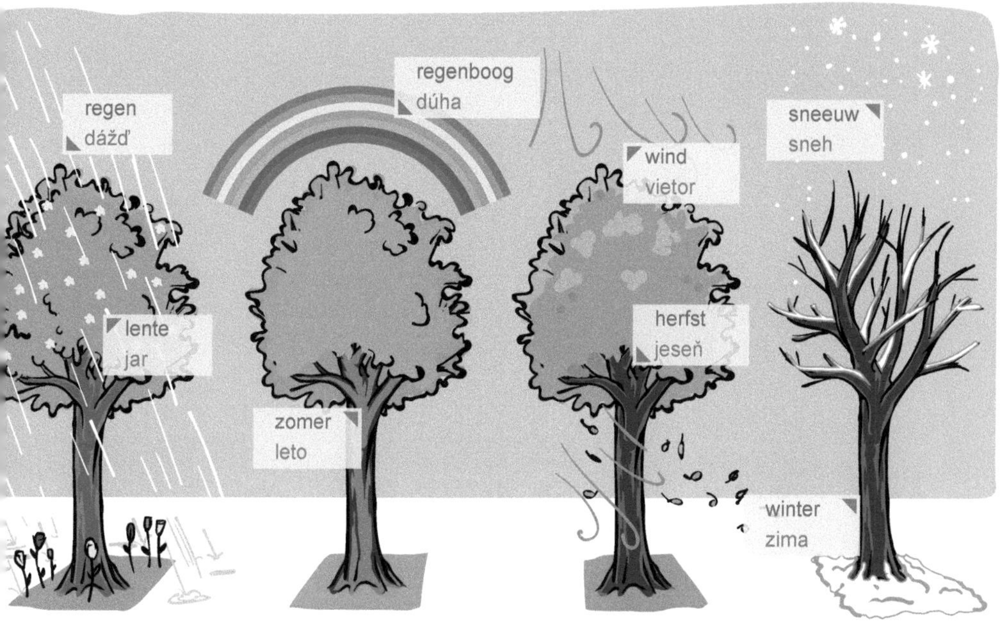

regen
dážď

regenboog
dúha

sneeuw
sneh

wind
vietor

lente
jar

herfst
jeseň

zomer
leto

winter
zima

| | | |
|---|---|---|
| 4.APRIL | 11° | ☀ |
| 5.APRIL | 4° | 🌧 |
| 6.APRIL | 13° | ⛈ |
| 7.APRIL | 8° | ❄ |
| 8.APRIL | 10° | ☀ |

weervoorspelling

predpoveď počasia

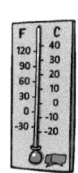

thermometer

teplomer

zonneschijn

slnečný svit

wolk

oblak

mist

hmla

vochtigheid

vlhkosť vzduchu

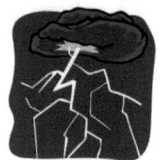

bliksem

blesk

donder

hrom

storm

búrka

hagel

krúpy

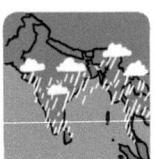

moesson

monzún

overstroming

záplava

ijs

ľad

januari

január

februari

február

maart

marec

april

apríl

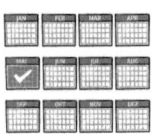

mei

máj

juni

jún

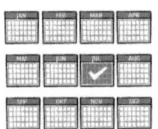

juli

júl

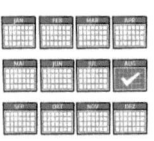

augustus

august

september
................
september

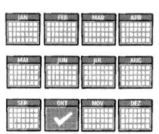

oktober
................
október

november
................
november

december
................
december

cirkel
................
kruh

kwadraat
................
štvorec

rechthoek
................
obdĺžnik

driehoek
................
trojuholník

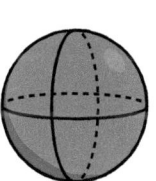

bol
................
guľa

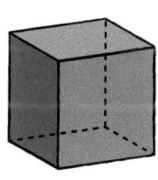

kubus
................
kocka

wit
.................
biela

geel
.................
žltá

oranje
.................
oranžová

roze
.................
ružová

rood
.................
červená

paars
.................
fialová

blauw
.................
modrá

groen
.................
zelená

bruin
.................
hnedá

grijs
.................
šedá

zwart
.................
čierna

veel / weinig

veľa / málo

boos / kalm

zúrivý / pokojný

mooi / lelijk

pekný / škaredý

begin / einde

začiatok / koniec

groot / klein

veľký / malý

licht / donker

svetlý / tmavý

broer / zus

brat / sestra

proper / vuil

čistý / špinavý

volledig / onvolledig

úplný / neúplný

dag / nacht

deň / noc

dood / levend

mŕtvy / živý

breed / smal

široký / úzky

eetbaar / oneetbaar

chutný / nechutný

kwaadaardig / vriendelijk

zlostný / láskavý

opgewonden / verveeld

vzrušený / unudený

dik / dun

tlstý / chudý

eerst / laatst

prvý / posledný

vriend / vijand

priateľ / nepriateľ

vol / leeg

plný / prázdny

hard / zacht

tvrdý / mäkký

zwaar / licht

ťažký / ľahký

honger / dorst

hlad / smäd

ziek / gezond

chorý / zdravý

illegaal / legaal

nelegálny / legálny

intelligent / dom

inteligentný / hlúpy

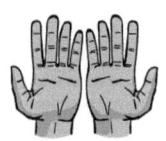

links / rechts

vľavo / vpravo

dichtbij / veraf

blízko / ďaleko

nieuw / gebruikt

nový / použitý

niets / iets

nič / niečo

oud / jong

starý / mladý

aan / uit

zapnuté / vypnuté

open / dicht

otvorené / zatvorené

stil / luid

tichý / hlasný

rijk / arm

bohatý / chudobný

juist / fout

správne / nesprávne

ruw / glad

drsný / hladký

droevig / blij

smutný / šťastný

kort / lang

krátky / dlhý

traag / snel

pomaly / rýchlo

nat / droog

mokrý / suchý

warm / koud

teplý / studený

oorlog / vrede

vojna / mier

| **0** | **1** | **2** |
|---|---|---|
| nul | één | twee |
| nula | jeden | dva |

| **3** | **4** | **5** |
|---|---|---|
| drie | vier | vijf |
| tri | štyri | päť |

| **6** | **7** | **8** |
|---|---|---|
| zes | zeven | acht |
| šesť | sedem | osem |

| **9** | **10** | **11** |
|---|---|---|
| negen | tien | elf |
| deväť | desať | jedenásť |

| **12** | **13** | **14** |
|---|---|---|
| twaalf | dertien | veertien |
| dvanásť | trinásť | štrnásť |

| **15** | **16** | **17** |
|---|---|---|
| vijftien | zestien | zeventien |
| pätnásť | šestnásť | sedemnásť |

| **18** | **19** | **20** |
|---|---|---|
| achtien | negentien | twintig |
| osemnásť | devätnásť | dvadsať |

| **100** | **1.000** | **1.000.000** |
|---|---|---|
| honderd | duizend | miljoen |
| sto | tisíc | milión |

Engels

angličtina

Amerikaans Engels

americká angličtina

Chinees (Mandarijn)

mandarínska čínština

Hindi

hindčina

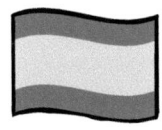

Spaans

španielčina

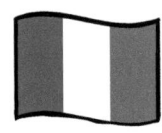

Frans

francúzština

Arabisch

arabčina

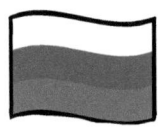

Russisch

ruština

Portugees

portugalčina

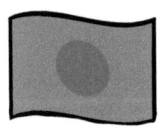

Bengali

bengálčina

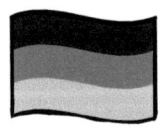

Duits

nemčina

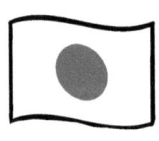

Japans

japončina

ik

ja

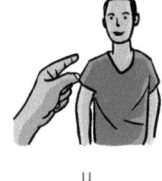

u

ty

hij / zij / het

on/ona/ono

wij

my

u

vy

ze

oni

wie?

kto?

wat?

čo?

hoe?

ako?

waar?

kde?

wanneer?

kedy?

naam

meno

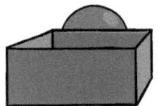

achter

za

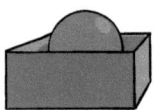

in

v

voor

pred

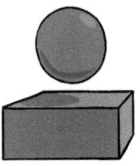

boven

nad

op

na

onder

pod

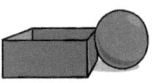

naast

vedľa

tussen

medzi

plaats

miesto